Bébé arrive à la maison

Berta Garcia Sabatés
Armelle Modéré

Broquet
Jeunesse

97-B, montée des Bouleaux, Saint-Constant, Qc, Canada J5A 1A9
www.broquet.qc.ca   info@broquet.qc.ca   Tél. : 450 638-3338   Téléc. : 450 638-4338

Tu es arrivé !

Hier tu es arrivé à la maison. Maman et papa avaient déjà préparé ta chambre et tout ce dont tu vas avoir besoin : tes petits vêtements, ton berceau…

Quelle joie d'avoir un petit bébé !

Si minuscule !

Nous nous sommes tous demandés comment tu serais… En fait, tu es adorable. Je n'ai jamais vu de si minuscules petits yeux, bouche, nez et oreilles… La famille entière est très heureuse que tu sois parmi nous maintenant.

Nous allons beaucoup t'aimer !

Tu dors presque toujours...

Au début, tu passeras la plus grande partie de la journée à dormir… Mais tout le monde dit que tu grandis pendant ce temps !

Tout sera nouveau pour toi
et pour nous aussi...

Tu es très observateur !

Lorsque tu te réveilles, tes petits yeux veulent tout voir en même temps. Tu aimes regarder les choses qui bougent près de toi. Papa dit que lorsque ce sera mon anniversaire, tu pourras le célébrer avec nous.

Nous pourrons bientôt
jouer ensemble dans le sable !

C'est l'heure de manger !

Un de tes moments préférés est quand maman ou papa te prend dans ses bras pour te nourrir. J'en veux aussi ! Maman a répondu que, quand j'étais petit, elle me nourrissait au sein. Papa me donnait un biberon. Dans quelques mois, tu apprendras également à t'asseoir tout seul, comme je le fais !

Tu vas aussi être capable de manger des purées et d'autres aliments plus solides.

Tant de nouveaux bruits !

Tu aimes beaucoup la musique et découvrir de nouveaux sons. Certains t'amusent énormément…

... mais d'autres peuvent t'effrayer !

Comme c'est drôle quand tu ris !

Tu as déjà commencé à rire. J'aime beaucoup te regarder rire, c'est pourquoi je ne peux m'empêcher de te faire des grimaces toute la journée.

Tes sourires font le bonheur de tous !

Je veux jouer avec toi!

Lorsque papa te prend dans ses bras, je veux qu'il me prenne aussi…

Alors, il me dit que lorsque tu seras endormi, il me prendra dans ses bras et nous jouerons ensemble pendant un long moment.

Lorsque j'étais petit, j'ai joué beaucoup
aussi dans les bras de toute la famille !

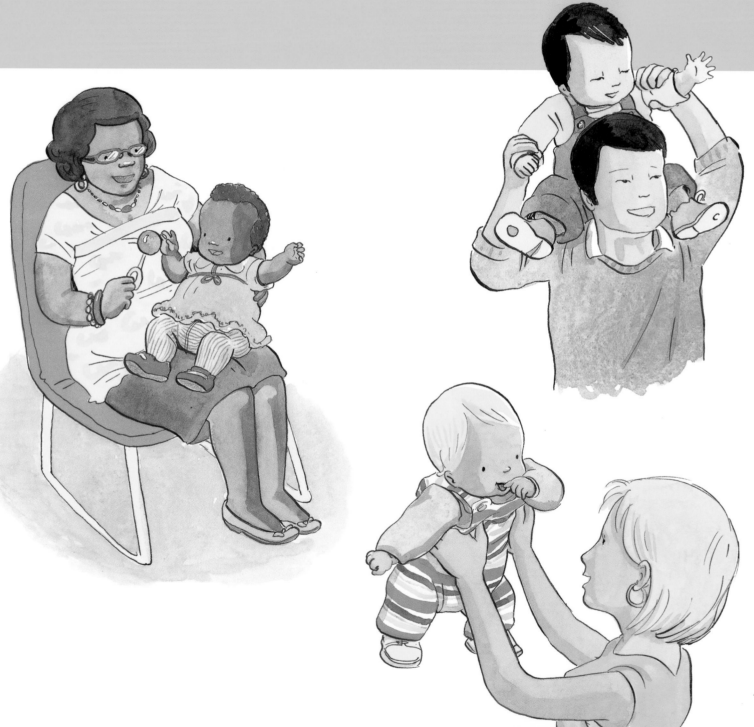

Maman te chante une berceuse

Ta musique préférée, c'est la voix de maman lorsqu'elle te chante des berceuses...

Je pourrai bientôt t'apprendre à jouer de tous les instruments amusants qui existent pour créer des mélodies.

Nous chanterons certaines de
mes chansons préférées ensemble.

Pas dans ta bouche !

Tu as déjà découvert que tu pouvais ramasser des objets avec tes mains et les mettre dans ta bouche. Maman m'a demandé de lui dire si je te voyais mettre des petits objets dans ta bouche. Elle dit que c'est très dangereux !

Nous pourrons bientôt jouer à plusieurs jeux ensemble !

L'eau !

L'heure du bain est ton moment préféré et le mien aussi ! J'adore observer comment tu éclabousses tout autour en bougeant tes bras et tes jambes sans arrêt et particulièrement quand tu nous éclabousses !

**Plus tard, nous aurons
encore du plaisir dans l'eau !**

Fais de beaux rêves

À la tombée du jour, j'aide maman à mettre toutes tes choses en ordre. Quand tout est silencieux, tu sais que c'est l'heure d'aller dormir.

Un repos bien mérité
après une longue journée.

Tu grandiras autant que moi

Maman dit que dans quelques mois, tu commenceras à ramper et à t'asseoir, puis à parler et à marcher !

Comme je suis chanceux
d'avoir un petit bébé !

Beaucoup d'espiègleries

Tu es encore très petit et
tu ne sais pas encore ce
qu'est une espièglerie…

Je vais t'enseigner tout plein de choses !

Activités

Un sou, un sou

Nombre de joueurs : 2

1 L'adulte assoit l'enfant sur ses cuisses et tient sa main avec la paume vers le haut.

2 Pendant qu'il récite l'histoire ci-dessous, il trace des cercles sur la paume de l'enfant avec son index.

3 Lorsqu'il termine la dernière ligne, il tape doucement la main de l'enfant pour le faire rire.

**Un sou, un sou
Paie pour le sel.
Petit sou, petit sou,
Paie un petit sou !**

La maison

Nombre de joueurs : 2

1 L'enfant s'allonge sur le sol ou sur le lit.

2 L'adulte récite la chanson et touche les différentes parties du corps de l'enfant en accompagnant les paroles.

Une minuscule petite maison,
Avec deux fenêtres,
Un petit balcon,
Une porte bien fermée...
Et une cloche qui sonne !

Encercler le visage de l'enfant avec l'index.
Toucher doucement les yeux.
Caresser le bout du nez.
Toucher la bouche.
Chatouiller le nombril de l'enfant.

Monter à cheval

Nombre de joueurs : 2

1 L'adulte assoit l'enfant sur ses cuisses.

2 Il doit bouger ses jambes comme s'il était un cheval.

3 Il galope de plus en plus vite.

Je m'en vais à Paris
Sur mon petit cheval gris
Au pas, au pas,
Au trot, au trot,
Au galop, au galop !

Jeu de doigts

Nombre de joueurs : 2

1 L'enfant s'assoit devant l'adulte avec ses paumes de main pointant vers le haut.

2 L'adulte tient son pouce et commence à réciter l'histoire. Chaque ligne fait référence à chacun des doigts de l'enfant.

3 À la dernière ligne, l'adulte retient le petit doigt, l'agitant comme s'il voulait quelque chose.

Celui-ci acheta un œuf,
Celui-ci le cassa,
Celui-ci le fit bouillir,
Celui-ci mit du sel dessus,
Et ce petit vilain le mangea !

Guide parental

L'arrivée d'un nouveau bébé affecte profondément tout le monde à la maison, mais particulièrement la sœur ou le frère aîné, réveillant en lui un nouveau sentiment : la jalousie. Pour les parents, la meilleure manière de faciliter la situation est d'établir un lien durable : le lien fraternel.

La jalousie est une démonstration d'émotion qui conduit à un comportement normal et prévisible de l'enfant confronté à l'arrivée d'un nouveau bébé. Parce que jusqu'à cet instant, il a reçu l'affection et l'attention de ses parents de façon exclusive.

Le comportement indiqué par ces mécanismes psychologiques est habituellement réduit à la recherche d'attention, laquelle peut être

consciente ou subconsciente et peut prendre plusieurs formes : désobéissance, opposition ou négation envers l'autorité parentale, conduite régressive (recommence à mouiller son lit) et tristesse, comportements avec lesquels l'enfant exprime explicitement son rejet envers le nouveau bébé et qui peut même aller jusqu'à un comportement violent et agressif.

COMMENT FAIRE FACE À CETTE SITUATION ?

Généralement, plus l'enfant est âgé, plus il sera facile de gérer les sentiments de jalousie. Comme avec tout autre sentiment qui survient chez l'enfant, vous ne devriez pas essayer de l'éviter, mais plutôt le laisser apparaître pour ensuite apprendre à le gérer.

QUE POUVONS-NOUS FAIRE ?

• L'écouter et prêter attention à ses soucis est la meilleure façon de l'accompagner à travers le processus.

• Intégrez-le dans la préparation et l'aménagement de l'espace dans la maison pour le bébé qui est sur le point de naître. En outre, en le faisant participer à protéger le ventre de sa maman aide à concevoir l'importance de ce nouvel événement.

• Remémorez et partagez vos souvenirs de sa naissance et de ses premiers mois de vie. Le fait de mentionner ses accomplissements et sa croissance peut l'aider à établir sa propre place dans la structure familiale.

• Une fois que le bébé est né, permettez-lui de participer aux soins de celui-ci chaque fois qu'il en a envie. Cela est une manière de l'inclure dans la nouvelle vie de famille.

• Maintenir ses espaces exclusifs et respecter sa place et ce qui lui appartient aident à renforcer son lien avec ses parents.

COMPORTEMENT NATUREL AVANT ET APRÈS L'ACCOUCHEMENT

La chose la plus importante est l'attitude que les parents adoptent par rapport à l'événement. Si la grossesse et l'accouchement sont introduits en tant qu'événement normal et plaisant, l'enfant pourra exprimer ses sentiments spontanément. Si l'adulte tente de dissimuler son affection envers le nouveau-né devant l'enfant aîné, même très bien dissimulé, ce geste mène à des contradictions et tend à empêcher la jalousie plutôt que de l'accepter. Dans ce sens, il est utile de considérer que la jalousie est liée à la capacité d'aimer. Le nouveau-né réveille également des sentiments d'affection chez l'aîné qui développera un nouveau lien. Traverser cette nouvelle étape avec succès peut être une expérience enrichissante parce qu'elle préparera l'enfant à tolérer et à surmonter les futures situations qui produisent des sentiments de jalousie.

**Catalogage avant publication de
Bibliothèque et Archives nationales du Québec
et Bibliothèque et Archives Canada**

García Sabatés, Berta

Bébé arrive à la maison

Traduction de : *Our new baby at home.*

Pour enfants de 3 à 8 ans.

ISBN 978-2-89654-107-2

1. Frères et sœurs – Ouvrages pour la jeunesse.
2. Nourrissons - Développement – Ouvrages pour
la jeunesse. I. Titre.

BF723.S43G3714 2009   j306.875   C2009-940542-3

POUR L'AIDE À LA RÉALISATION DE SON PROGRAMME
ÉDITORIAL, L'ÉDITEUR REMERCIE :
Le Gouvernement du Canada par l'entremise du Programme
d'aide au développement de l'industrie de l'édition (PADIÉ) ;
la Société de développement des entreprises culturelles
(SODEC) ; l'Association pour l'exportation du livre cana-
dien (AELC).
Le Gouvernement du Québec – Programme de crédit d'impôt
pour l'édition de livres – Gestion SODEC.

Titre original : *Our new baby at home*
© Gemser Publications, S.L. 2008
El Castell, 38   08329 Teià (Barcelona, Spain)
www.mercedesros.com

Pour l'édition en langue française :
Traduction : Cécile Lévesque
Correction d'épreuves : Andrée Laprise
Infographie : Annabelle Gauthier

Copyright © Ottawa 2009 Broquet inc.
Dépôt légal – Bibliothèque et Archives nationales du Québec
3e trimestre 2009

Imprimé en Chine

ISBN 978-2-89654-107-2